MON DOUDOU

Tony Ross

traduit de l'anglais
par Marie-France de Paloméra

Seuil

Charles avait un chiffon qu'il aimait beaucoup.

Il l'appelait son Doudou.

Charles n'avait pas peur du noir.

Mais il avait encore moins peur avec son Doudou.

« Tu ne vas pas sortir avec ce vieux chiffon dégoûtant ! »,
s'écria l'affreuse Tante Amélie.

« Tu as l'air d'un gros bêta ! »

« Ce n'est pas un vieux chiffon dégoûtant, dit Charles. C'est un vaisseau spatial ! »

Et il courut jouer dans les étoiles.

« Tu ne vas pas sortir avec ce vieux truc sale dans la bouche ! », dit Papy.

« Sinon ton nez va tomber ! »

« Ce n'est pas un vieux truc sale, dit Charles.
C'est un bateau de pirates ! »

Et il mit le cap sur la mer des Antilles.

« Tu es trop grand pour tripoter ce vieux bout de couverture tout collant ! », dit Oncle Jo.

« C'est bon pour les bébés ! »

« Ce n'est pas un vieux bout de couverture tout collant, dit Charles. C'est une armure de chevalier ! »

Et il brandit son épée pour chasser le dragon.

Après avoir tué le dragon,

Charles partit faire un tour au parc.

Soudain il entendit un cri terrifiant…

« Ouuuuuuuuuuuuuuuuuhh ! »
« Ahhhhhhhhhhhhhhhhhh ! », fit Charles.

«Il doit se passer quelque chose d'horrible! s'écria Charles.

Ouuuuuuuuuuuuuhh! AU SECOURS!!!»

«Vite, mon tapis volant!»

Et son tapis volant le sauva

sur son tapis volant!

des griffes d'un gros ours blanc.

Et l'ours blanc chassa le magicien

Ouuuuuuuuuuuuuuuhh! AU SECOURS!!!»

rugit son gros ours blanc.

«Il doit se passer quelque chose d'horrible! s'écria Marie.

« Grrrrrrrrrrrrrrrrrrrrrrrrrrr ! »,

Soudain, elle entendit un cri terrifiant.

« Ahhhhhhhhhhhhhhhh ! »
« Ouuuuuuuuuuuuuuuhh ! », fit Marie.

Et Marie emmena son gros ours blanc faire un tour au parc.

Là, au moins, il n'y avait pas de machine à laver !

« On ne peut pas ! », dit Marie.

« C'est le gros ours blanc qui veille sur moi ! »

Sa maman essaya de lui reprendre son Doudou.

« Je le mets avec la lessive », dit-elle.

Mais Marie alla le récupérer.

« C'est le gros ours blanc qui veille sur moi »,
expliqua-t-elle aux chats.

Un jour, son papa lui enleva son Doudou…

« Quelle vieille saleté ! », dit-il.
Et il le jeta à la poubelle.

Son Doudou montait tout le temps la garde,

même quand elle dormait.

Un jour, Marie trouva un Doudou,

et elle se sentit en sécurité.

…des ombres qui bougeaient… des choses à la télévision…

…qu'elle regardait quand même.

Marie avait peur de presque tout.

Des araignées dans la baignoire…

Mon Doudou

Tony Ross

traduit de l'anglais
par Marie-France de Paloméra

Seuil